Fritz Emonts

Europäische Klavierschule
The European Piano Method
Méthode de Piano européenne

Illustration: Andrea Hoyer
Band 2 / Volume 2

ED 7932

plus CD ED 7832-50
CD 2 separat: T 3322

SCHOTT

www.schott-music.com

Mainz · London · Berlin · Madrid · New York · Paris · Prague · Tokyo · Toronto
© 1993 SCHOTT MUSIC GmbH & Co. KG, Mainz · Printed in Germany

Inhalt

Contents

Contenu

Bestellnummer: ED 7932   plus CD: ED 7932-50   CD 2 separat: T 3322
ISBN 978-3-7957-5003-9   ISBN 978-7957-5436-5
ISMN 979-0-001-08202-0   ISMN 979-0-001-12472-0

Illustrazion: Andrea Hoyer
Layout: H. J. Kropp
Lektorat: Dr. Rainer Mohrs
Englische Übersetzung: Wendy Lampa
Französische Übersetzung: Pascal Huynh
© 1993 Schott Music GmbH & Co. KG, Mainz
Printed in Germany · BSS 47369

Die Track-Nummern der CD entsprechen der Reihenfolge der Stücke. Beispiel: Stück Nr. 35 = Track 35.

The track numbers of the CD correspond to the order of the pieces in this edition. Example: piece No. 35 = track 35.

Les numéros des pistes du CD correspondent à l'ordre des morceaux dans le présent édition. Exemple: morceau no. 35 = piste 35.

Vorwort

Während der 1. Band der Europäischen Klavierschule in die elementaren Grundlagen des Klavierspiels einführte, geht es in Band 2 um eine Vertiefung der technischen und musikalischen Ausbildung. Der Lehrgang beginnt mit dem Thema „Phrasierung und Artikulation". Anschließend wird mit systematisch geordneten Stücken das Spiel in verschiedenen Tonarten (3♯ – 3♭) geübt und somit die Lesefähigkeit und das Vertrautwerden mit der Klaviatur weiter gefördert. Zu den Tonleitern in Dur und Moll wird auch die entsprechende Kadenz hinzugefügt, die durch vielfältige Spielformen variiert werden kann. Parallel dazu wird in verschiedenen Phasen Übungsmaterial zum Tonleiter-Training und zum Thema „Geläufigkeit und Gleichmäßigkeit" angeboten. So erreichen die Schülerinnen und Schüler nach und nach ein technisches Niveau, das eine vertiefende „künstlerische" Arbeit an Ausdruck und Tongestaltung erlaubt. Diese intensivere musikalische Arbeit beginnt mit dem Pedalspiel und einer Einführung in das *kantable* Spiel; sie wird später im 3. Band fortgeführt.

Das Spielen nach Gehör, das Finden eigener Begleitungen, das Ausprobieren von Klängen und Akkorden, das Erfinden eigener kleiner Stücke usw. sollte den Unterricht ständig begleiten. Im Anhang gebe ich einige Anregungen, überlasse aber bewusst vieles der individuellen Unterweisung des Lehrers. Der Grundsatz, dass möglichst alles, was das Gehör aufnimmt und behält, auf dem Instrument auch gespielt werden soll, bleibt weiterhin gültig.

Es war mein besonderes Anliegen, auch im 2. Band Musik aus möglichst vielen europäischen Ländern aufzunehmen.

Fritz Emonts

Preface

While the first volume of the European Piano Method introduced the basic principles of playing the piano, Volume 2 is concerned with extending technical and musical training. The course begins with the theme of 'Phrasing and Articulation'. This is followed by a series of pieces arranged systematically to give practice of playing in different keys (3 sharps to 3 flats) and so to improve reading skills and increase familiarity with the keyboard. Together with major and minor scales, the corresponding cadences are introduced which can be varied in many different playing styles. Parallel to this there is graded practice material for playing scales and to develop 'Velocity and Even Playing'. In this way students gradually reach a technical standard that allows 'artistic' work on expression and musical interpretation to begin. This development of musicianship starts with the use of pedal and an introduction to *cantabile*, which will be taken further in Volume 3.

Playing by ear, inventing accompaniments, experimenting with timbres and chords, and composing little pieces, should constantly supplement lessons. In the appendix I offer some of my own ideas, though I have consciously left much to the individual approach of the teacher. The principle that as much as possible that is heard and memorized should also be played on the instrument still applies.

In this second volume, as in the first, I was particularly concerned to include the music of as many European countries as possible.

Fritz Emonts

Préface

Alors que le Volume I de la Méthode de Piano Européenne introduisait les fondements élémentaires du jeu pianistique, le Volume II se présente comme un approfondissement de la formation technique et musicale. L'apprentissage commence sur le thème «Phrasé et articulation». Ensuite, l'exécution dans différentes tonalités (3♯ – 3♭) est travaillée par le biais de pièces classées de manière systématique. La faculté de lecture et la familiarisation avec le clavier sont par conséquent encore accélérées. Les cadences correspondantes sont également ajoutées aux gammes majeures et mineures; elles peuvent être variées par des formes d'exécution diversifiées. En parallèle, un corpus de travail destiné à la pratique des gammes et concernant «vélocité et égalité» est proposé au cours de différentes étapes. Les élèves atteignent ainsi peu à peu un niveau technique qui permet un travail «artistique» dans l'expression et la création sonore. Ce travail musical approfondi commence lors de l'utilisation de la pédale et de l'introduction au jeu cantabile; il sera poursuivi dans le 3e Volume.

Jouer d'oreille, trouver ses propres accompagnements, expérimenter sonorités et accords, inventer quelques petites pièces: tout ceci devrait constamment accompagner la leçon. En appendice, je donne quelques suggestions, mais je m'en remets beaucoup, en connaissance de cause, à l'enseignement individuel du professeur. Le principe reste encore valable selon lequel tout ce que l'oreille recueille et retient doit si possible être aussi joué sur l'instrument.

J'ai ressenti le désir particulier d'utiliser également dans le Volume II la musique de nombreux pays européens.

Fritz Emonts

Premessa

Mentre il 1° volume della Scuola Europea del Pianoforte forniva un'introduzione ai principi elementari della pratica pianistica, il presente volume offre un approfondimento sul piano tecnico e musicale. Il percorso didattico si apre con il tema „Fraseggio e articolazione"; sono quindi presentati esercizi in successione sistematica nelle diverse tonalità (da 3♯ a 3♭), che consentono di migliorare la capacità di lettura e di ottenere una maggior confidenza con la tastiera. Alle scale maggiori e minori sono aggiunte anche le relative cadenze, che possono essere variate secondo molteplici modalità esecutive. Parallelamente a ciò è presentato in diverse fasi materiale per lo studio delle scale e sul tema „Agilità e uguaglianza"; in questo modo gli allievi raggiungono a poco a poco un livello tecnico che consente un primo lavoro „artistico" sull'espressione e la qualità del suono. Questo lavoro di approfondimento musicale, che comincia con l'uso del pedale e con una introduzione alla „cantabilità", verrà proseguito nel 3° volume.

Nella lezione dovrebbero costantemente trovare spazio la pratica di esecuzioni a orecchio, l'invenzione di accompagnamenti personali, la sperimentazione con suoni e accordi, la composizione di piccoli pezzi. In appendice fornisco alcuni suggerimenti, ma lascio volontariamente molto agli insegnamenti personali del docente. Il principio che il più possibile di ciò che l'udito coglie e memorizza debba anche essere eseguito sullo strumento resta sempre valido.

Ho ritenuto particolarmente importante inserire anche nel 2° volume musiche provenienti dal maggior numero possibile di paesi europei.

Fritz Emonts

Prefacio

El tomo I del „Método Europeo de Piano" tiene un carácter introductorio y contiene los fundamentos básicos de piano. Este tomo II, sin embargo, pretende profundizar en los aspectos técnicos y musicales. El primer tema del curso se denomina „Fraseo y Articulación". A continuación se han incluido algunos fragmentos en distintas tonalidades, ordenadas sistemáticamente (de 3♯ hasta 3♭). De esta forma el alumno puede practicar y acostumbrarse a leer música y familiarizarse con el teclado. A las escalas tonales en mayor y menor se les han añadido las correspondientes cadencias, que varían según las diferentes formas de tocar. En las diferentes fases de este tomo II se han incluido además materiales para practicar las escalas tonales y ejercicios correspondientes al tema „Velocidad e Igualdad". Gracias a estos ejercicios, el alumno va alcanzando progresivamente un nivel técnico suficiente como para atreverse a realizar un primer intento „artístico" de expresión y formación tonal. Este método de profundización musical se inicia en este tomo con el juego de pedales y con una introducción al cantabile, y se prosigue en el tomo III.

Las clases teóricas deben complementarse de forma constante con sesiones en las que el alumno toque de oído, encuentre sus propios acompañamientos, experimente con los conidos y los acordes e invente algunas pequeñas piezas. En el suplemento de este libro me he permitido ofrecer algunos consejos útiles, pero he dejado, conscientemente, una amplia iniciativa al profesor. Por supuesto, sigue siendo válido el lema que afirma que todo lo que el oído recoge y retiene debe, a ser posible, tocarse con un instrumento.

También en este tomo II he insistido personalmente en incluir canciones de la mayor cantidad posible de paises europeos.

Fritz Emonts

Phrasierung und Artikulation
Phrasing and Articulation • Phrasé et articulation

Beim Aussprechen eines Satzes atmen wir nicht zwischen zwei Worten, die sinngemäß zusammengehören. Bei einem Lied entspricht die Gliederung der Melodie der sinngemäßen Zusammengehörigkeit der Liedworte. Auch das instrumentale Musikstück ohne Worte hat eine Gliederung wie die gesungene Melodie. Wir erkennen diese Gliederung am leichtesten, wenn wir auch die instrumentale Melodie singen. Das Klavier verleitet sehr leicht dazu, über die natürlichen Atmungseinschnitte hinwegzuspielen. Jedes Lied und jedes Instrumentalstück besteht aus mehreren Phrasen, die wir voneinander wie beim Atemholen trennen müssen, ohne dabei den Rhythmus zu stören. Wir phrasieren also gut, wenn wir das so spielen, dass die Gliederung des Stückes hörbar wird. Die Artikulation dagegen gibt dem Stück seine besondere Charakteristik durch die Anwendung verschiedener Anschlagsarten. Eine Choralmelodie wird man zum Beispiel vorwiegend legato spielen, während man den hüpfenden, federnden Charakter eines Tanzes durch staccato erzielt.

In den folgenden Stücken werden die Phrasen durch senkrechte Striche (Atemzeichen) und die Artikulationsarten durch Legatobögen und Staccatopunkte angegeben.

When we speak we do not breathe between two words that belong together according to their meaning. In a song the different parts of the melody correspond with the phrases of the text. A piece of instrumental music without words is also divided into phrases like a vocal melody. The easiest way to realize this is to sing the instrumental melody, too. The piano often leads us to skip over the natural breaks. Every song and instrumental piece consists of phrases that should be separated as if we were taking breath, but without interrupting the rhythm. We phrase well when the phrases of the piece become audible. Articulation, however, gives a piece of music a special character by applying a variety of touch. The melody of a chorale, for instance, will be played mainly legato, whereas the springing character of a dance will be achieved by playing staccato.

In the following pieces the phrases are marked by short dashes (breathing marks) and the articulation by slurs and staccato dots.

Lorsque nous énonçons une phrase, nous ne respirons pas entre deux mots qui, selon leur sens, vont ensemble. Dans une chanson, les différentes parties de la mélodie correspondent aux phrases du texte. Une pièce de musique instrumentale privée de mots est aussi divisée en phrases, comme une mélodie vocale. La maniere la plus facile de s'en rendre compte est de chanter aussi la mélodie instrumentale. Comme instrument, le piano nous conduit très souvent à sauter les césures naturelles. Toute chanson et toute pièce instrumentale consiste en phrases que nous devons séparer comme si nous respirions, mais sans altérer le rythme. Nous phrasons convenablement lorsque la structure de la pièce devient perceptible. L'articulation, cependant, donne à une pièce de musique un caractère particulier de par l'application d'une attaque différenciée. La mélodie d'un choral, par exemple, sera jouée presque toujours legato, tandis que la souplesse d'une danse sera rendue par un jeu staccato. Dans les pièces suivantes, les phrases sont indiquées par des césures (marques de respiration) et l'articulation par des liaisons et des points de staccato.

Samba
Primo

1 Oktave höher / 1 octave higher / 1 octave plus haut

Brasilia
Arr.: F. E.

Samba
Secondo

Brasilia
Arr.: F. E.

Le petit jeun' homme

Elsass / Alsace
Arr.: F. E.

Sot pe - tit jeun' hom - me, toi qui veux dan - ser, _____ qui veux dan -
ne sais pas com - me l'on doit se pla - cer, l'on doit en dan -

1.
- ser, _____ qui veux dan - ser. Tu

2.
-sant se pla - cer. _____

Ungarischer Tanz   Hungarian Dance   Danse hongroise

Secondo

Arr.: F. E.

staccato
f (2. x *p*)

f (2. x *p*)

(2. x *f*)

Weitere vierhändige Tänze in: Fritz Emonts, Fröhliche Tänze nach alten Weisen, Schott ED 5176
More dances for four hands in: Fritz Emonts, Traditional Festive Dances, Schott ED 5176
Autres danses à quatre mains dans: Fritz Emonts, Joyeuses danses du temps jadis, Schott ED 5176

Rundtanz Round Dance Ronde

Fine

D.C. al Fine

Ungarischer Tanz Hungarian Dance Danse hongroise

Arr.: F. E.

Primo

Tanzstück   Dancing Piece   Pièce de danse

Carl Orff
1895 - 1982

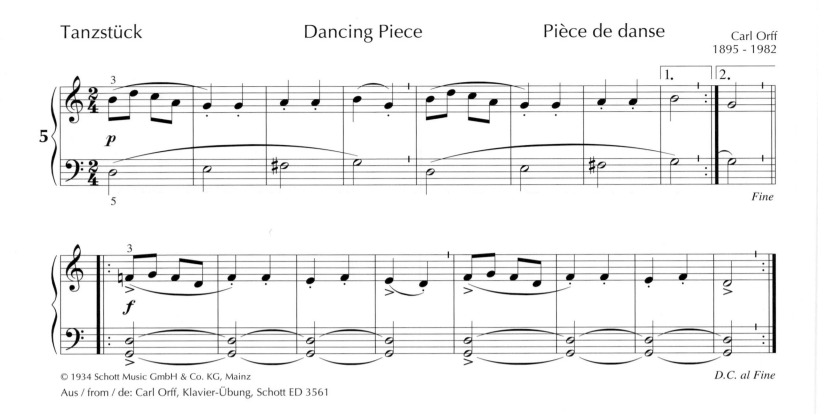

Aus / from / de: Carl Orff, Klavier-Übung, Schott ED 3561

D.C. al Fine

Menuett   Minuet   Menuet

Leopold Mozart
1719 - 1787

Aus / from / de: Notenbuch für Nannerl Mozart / Note Book for Nannerl Mozart / Cahier de musique pour Nannerl Mozart (1759), Schott ED 3772

Am Schluss des Menuettes findet sich folgende Notiz von Leopold Mozarts Hand: „Diese vorgehende 8 Menuet hat d. Wolfgangerl im 4ᵗ Jahr gelernet."

At the end of the minuet is the following note in Leopold Mozart's hand writing: "These eight minuets Wolfgangerl learnt at the age of four."

A la fin du menuet se trouve la note suivante, de la main de Leopold Mozart: «C'est à l'âge de 4 ans que Wolfgang a appris ces 8 menuets qui précèdent».

Kasperle tanzt   Punch is Dancing   Le Guignol danse

F. E.

Vorübung   Preparatory Exercise   Exercice préparatoire

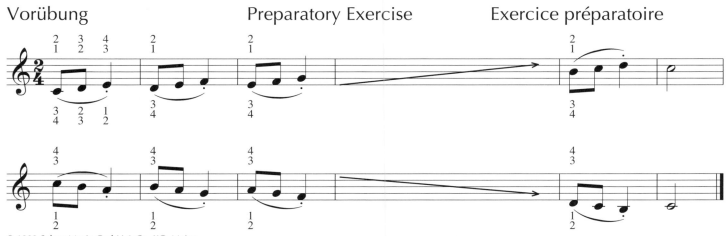

Scherzo

Secondo

Anton Diabelli
1781 - 1858

8

Trio

Scherzo da capo al Fine

Scherzo

Primo

Anton Diabelli
1781 - 1858

Allegro

Fine

Trio

Scherzo da capo al Fine

Aus / from / de: A. Diabelli, Melodische Übungsstücke / Melodious Exercises op. 149, Schott ED 9009

13

Die Dur-Tonleiter

The Major Scale • La gamme majeure

Bei der Dur-Tonleiter liegen zwischen der 3. / 4. und 7. / 8. Stufe die Halbtonschritte. Man erkennt die Dur-Tonleiter und den Dur-Dreiklang aber vor allem an der großen Terz.

In the major scale semitone intervals occur between the 3rd/4th and 7th/8th notes. The major scale and major triad may be recognized by the major third.

Dans la gamme majeure, il y a un intervalle d'un demi-ton entre les 3e et 4e, et entre les 7e et 8e degrés. Mais on reconnaît avant tout la gamme majeure et l'accord parfait majeur à la tierce majeure.

Verteile die Tonleiter zum Kennenlernen auf beide Hände und spiele sie auf- und abwärts über 5 bis 6 Oktaven.

To familiarize yourself with it, divide the scale between both hands. Play up and down through 5 or 6 octaves.

Au début, répartis la gamme sur les deux mains, en montant et descendant sur 5 ou 6 octaves.

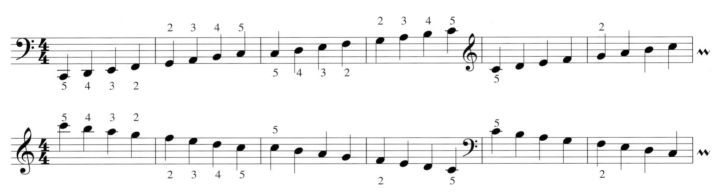

Transponiere die Dur-Tonleiter auch in andere Tonarten. Beginne zuerst mit weißen Tasten als Grundton, später auch mit schwarzen.

Transpose the major scales to different keys. Choose white keys for each key note to begin with, then try starting with a black key note.

Transpose les gammes majeures dans différentes tonalités. Au début, choisis des touches blanches pour chaque fondamentale; plus tard aussi des touches noires.

Tonleiter-Training
Scala Training • Entraînement pour les gammes

Vorübungen

Zunächst jede Hand allein

Preparatory Exercises

Begin practising with each
hand separately

Exercices préparatoires

Commence en pratiquant
seulement les mains séparées

© 1993 Schott Music GmbH & Co. KG, Mainz

Die C-Dur-Tonleiter

Scale in C major

Gamme d'ut majeur

Gegenbewegung / Contrary Motion / Mouvement contraire

durch 2 Oktaven und zurück
through 2 octaves up and down
sur 2 octaves en montant et descendant

Parallelbewegung / Parallel Motion / Mouvement parallèle

durch 4 Oktaven und zurück
through 4 octaves up and down
sur 4 octaves en montant et descendant

15

2 Tonleiter-Studien   2 Scale Studies   2 Études de gamme

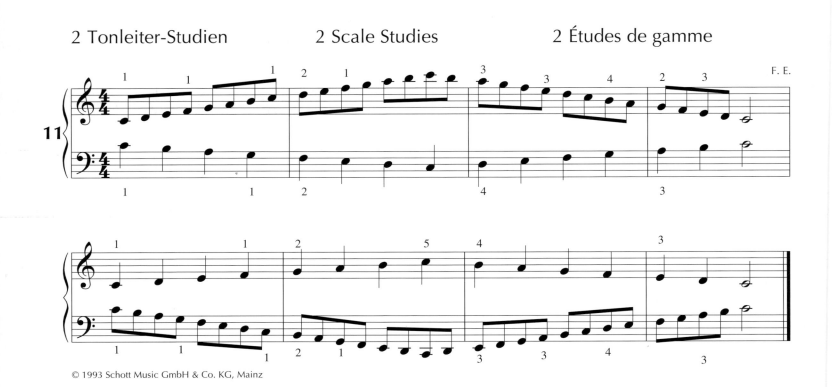

F. E.

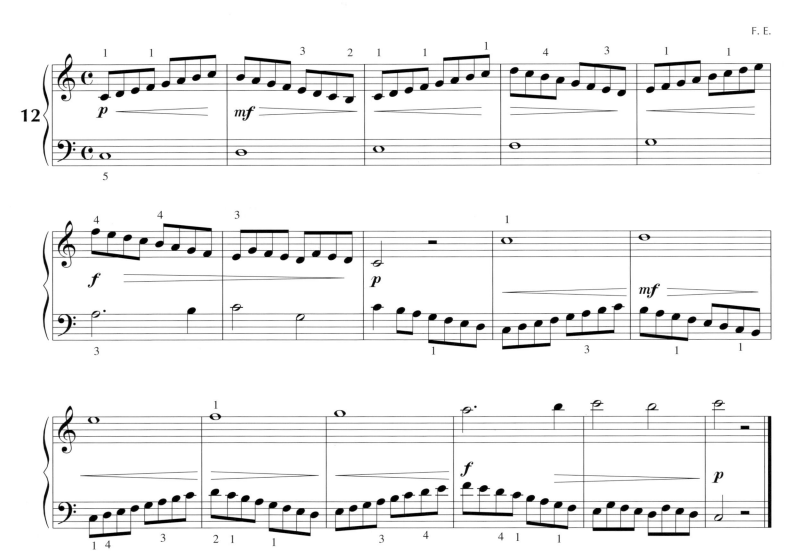

F. E.

Die Moll-Tonleiter
The Minor Scale • La gamme mineure

Jede Dur-Tonleiter hat eine parallele Moll-Tonleiter, die aus den gleichen Tönen gebildet wird. Sie beginnt und endet eine kleine Terz tiefer und hat die gleichen Vorzeichen. Diese Leiter wird als „natürliche" oder „äolische" Moll-Tonleiter bezeichnet.

Each major scale has a parallel minor scale which is based on the same notes. It begins and ends a minor third lower and has the same key signature. This scale is known as the 'natural' or 'aeolian' minor scale.

Chaque gamme majeure a une gamme mineure relative (parallèle) baseé sur les mêmes sons. Elle commence et termine une tierce mineure plus bas et comporte les mêmes altérations. Cette gamme est qualifiée de gamme mineure «naturelle» ou «éolienne».

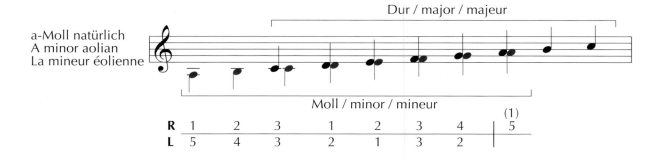

a-Moll natürlich
A minor aolian
La mineur éolienne

Im Gegensatz zur Dur-Tonleiter, die immer gleich geblieben ist, hat die Moll-Tonleiter im Laufe der Zeit Veränderungen erfahren. So hat man zunächst den 7. Ton erhöht, um einen Leitton zum 8. Ton zu erhalten (bessere Schlusswirkung). Dadurch entstand die „harmonische" Moll-Tonleiter:

In contrast to the major scale, which has always remained the same, the minor scale has undergone changes in the course of time. First the 7th note was raised to gain a leading note to the 8th note (and so achieve a better sense of ending). In this way the 'harmonic' minor scale was created:

Contrairement à la gamme majeure qui est restée toujours identique, la gamme mineure a connu des modifications au fil des époques. On a ainsi d'abord rehaussé la 7e note pour conserver une sensible à la 8e note (meilleur effet final). Ainsi est née la gamme mineure «harmonique»:

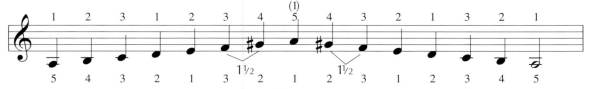

a-Moll harmonisch
A minor harmonic
La mineur harmonique

Wenn du die harmonische Leiter singst, wirst du merken, dass der „übermäßige" Schritt vom 6. zum 7. Ton (f-gis) schwer zu treffen ist. Darum hat man später auch den 6. Ton erhöht und erhielt so die „melodische" Moll-Tonleiter. Abwärts verläuft sie wie die natürliche Molltonleiter:

If you sing the harmonic scale you will notice that the 'augmented' interval from the 6th to the 7th note (f-g#) is difficult to sing. Because of this the 6th note was subsequently also raised and so the 'melodic' minor scale was formed. Descending, it is the same as in the natural minor scale:

En chantant la gamme harmonique, tu remarqueras que l'intervalle «augmenté» de la 6e à la 7e note (fa-sol dièse) est difficile à chanter. C'est pourquoi on a aussi rehaussé plus tard la 6e note et on a obtenu ainsi la gamme mineure «mélodique». En descendant, elle s'écoule comme la gamme mineure naturelle:

a-Moll melodisch
A minor melodic
La mineur mélodique

17

Tanz   Dance   Danse

Secondo

Jean-Baptiste Lully
1632 – 1687
Arr.: F. E.

13

mf (2.x *p*)

Fine

D.C. al Fine

Schwerer Abschied   Difficult Farewell   L'adieu difficile

Secondo

Norwegen / Norway / Norvège
Arr.: F. E.

Tranquillo - Cantabile

14

mf legato

calando

Tanz   Dance   Danse

Jean-Baptiste Lully
1632 - 1687
Arr.: F. E.

Schwerer Abschied   Difficult Farewell   L'adieu difficile

Norwegen / Norway / Norvège
Arr.: F. E.

© 1993 Schott Music GmbH & Co. KG, Mainz

Menuett   Minuet   Menuet

Johann Krieger
1651 - 1735

Wir lernen verschiedene Tonarten kennen

Travelling Through Various Keys
Nous apprenons différentes tonalités

G-Dur · G major · Sol majeur

Vorzeichen:
Accidentals:
Altération:

1 ♯

Transponiere das Tonleiter-Training (Seite 15) nach G-Dur.

Transpose the scale training exercises (page 15) to G major.

Transpose les exercices d'entraînement pour gammes (page 15) en sol majeur.

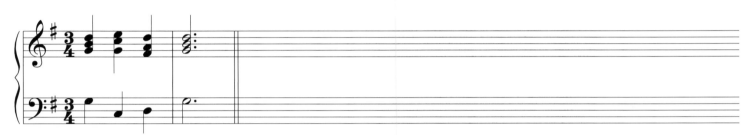

Siehe Anhang S. 87 / See appendices p. 87 / Voir appendice p. 87

Spaziergang	A Walk	Une promenade

F. E.

legato

Allegro

De winter is vergangen   A May Song   Chanson de mai

Nederland
(ca. 1600)
Arr.: F. E.

De win-ter is ver-gan - gen, ik zie des meis vir - tuut.
Ik zie die lo-ver-kens han - gen, die bloem-kens spru-ten in't kruud.
Der Win-ter ist ver-gan - gen, ich seh des Mai-en Schein,
ich seh die Blüm-lein pran - gen, des ist mein Herz er - freut.

In _ ge - ne groe-ne _ da - le, daar is't ge-noeg-lijk _
So _ fern in je-nem _ Ta - le, da ist gar lus - tig _

zijn, daar zingt die nach-te - ga - le en zo me-nig vo-gel - kijn.
sein, da singt Frau Nach-ti - gal - le und manch Wald-vö-ge - lein.

e-Moll · E minor · Mi mineur

Klage   Lament   Plainte

D. C. al Fine

Tarantella

Italia
Arr.: Rainer Mohrs

20

Io mi so - no un po - ve - ret - to sen - za ca - sa e sen - za let - to;

ven - de - rei i miei cal - zo - ni per un sol piat - to di mac - che - ro - ni.

Griechisches Volkslied   Greek Folksong   Chanson grecque

Arr.: F. E.

21   Andante   *mf*

p   Vivo   *f*

Nimm dieses Ringlein
(Liebeslied)

Take This Ring
(Love Song)

Prends ce petit anneau
(Chanson d'amour)

Secondo

Griechenland / Greece / Grèce
Arr.: F. E.

Nimm dieses Ringlein
(Liebeslied)

Take This Ring
(Love Song)

Prends ce petit anneau
(Chanson d'amour)

Primo

Griechenland / Greece / Grèce
Arr.: F. E.

F. Emonts, Mit 4 Händen um die Welt / Around the world with 4 hands, Schott ED 8000

F-Dur · F major · Fa majeur

Vorzeichen:
Accidentals:
Altération:

1 ♭

Transponiere das Tonleiter-Training (Seite 15) nach F-Dur.

Transpose the scale training exercises (page 15) to F major.

Transpose les exercices d'entraînement pour les gammes (page 15) en Fa majeur.

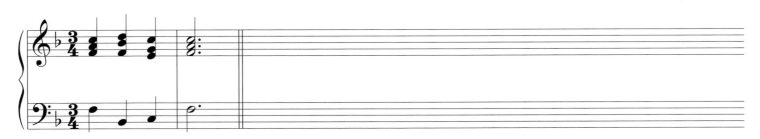

Kleines Tonleiterstückchen   Little Scale Piece   Petite pièce en forme de gamme

F. E.

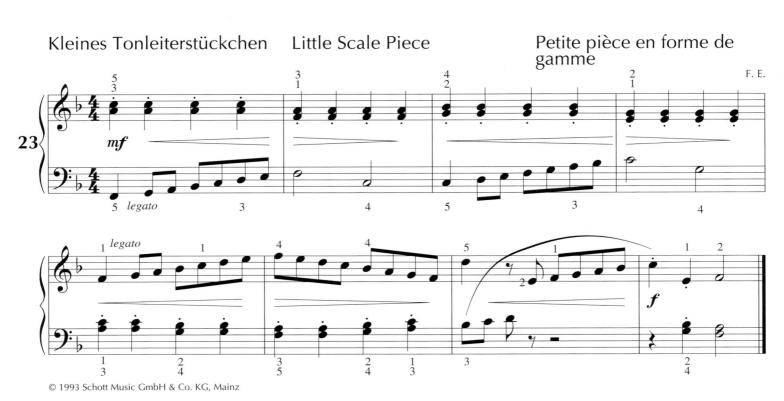

Menuett   Minuet   Menuet

Christian Gottlob Neefe*)
1748 - 1798

*) Beethovens erster Lehrer in Bonn / Beethoven's first teacher at Bonn / Le premier maître de Beethoven à Bonn

For He's a Jolly Good Fellow

England
Arr.: F. E.

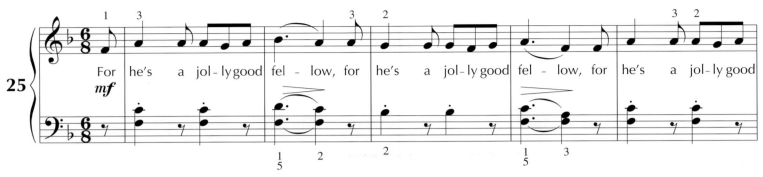

25

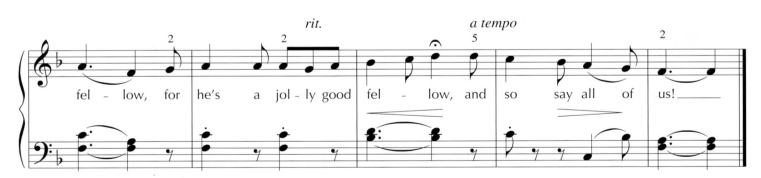

Ronde

Tilman Susato
(1552)
Arr.: F. E.

Secondo

26

Saltarelle

Ronde

Tilman Susato
(1552)
Arr.: F. E.

Primo

Saltarelle

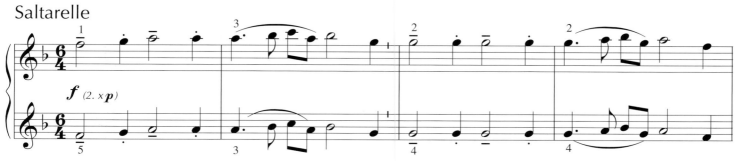

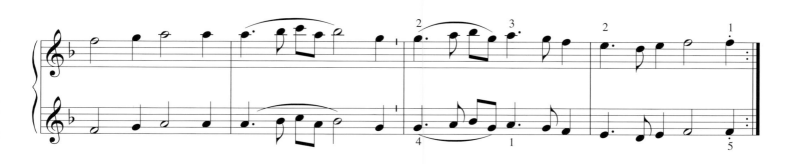

d-Moll · D minor · Ré mineur

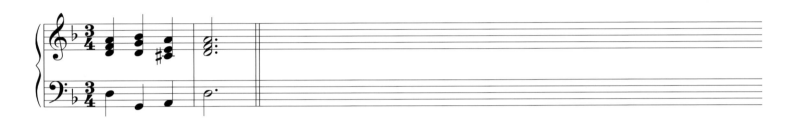

Studie für die linke Hand   Exercise for the Left Hand   Exercice pour la main gauche

Béla Bartók
1881-1945

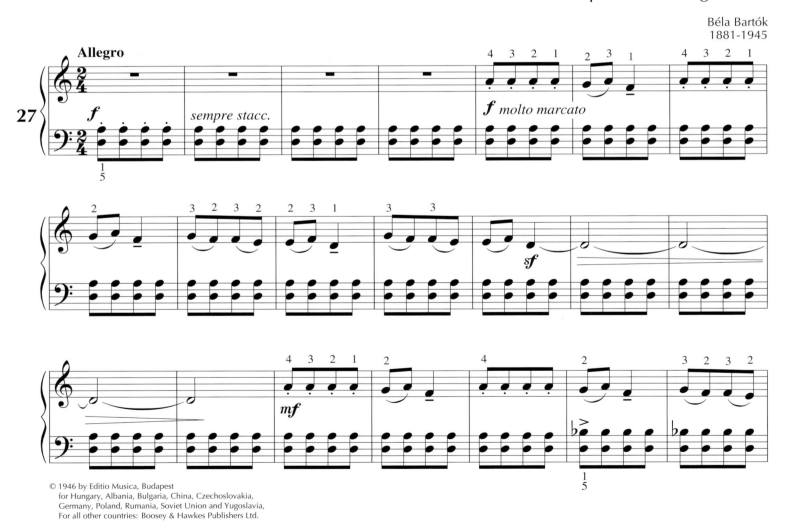

Abschied   Farewell   Adieu

F. E.

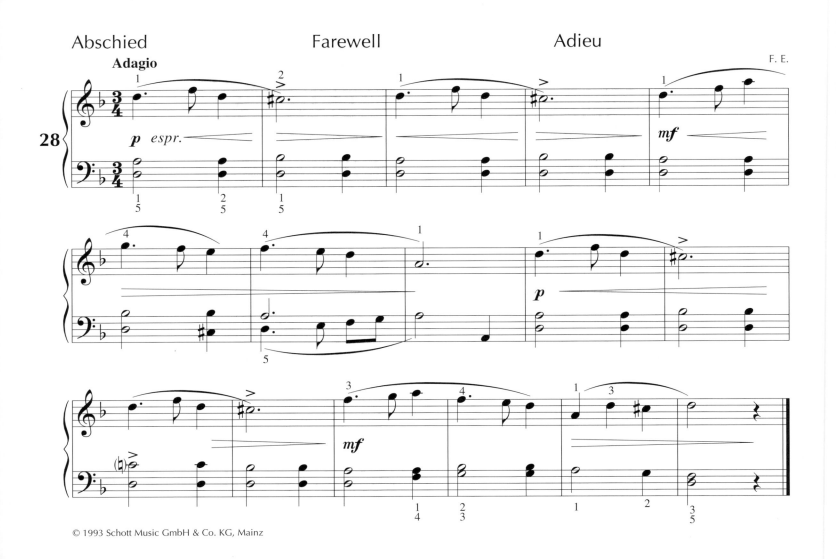

D-Dur · D major · Ré majeur

Vorzeichen:
Accidentals: 2 ♯
Altération:

Menuett   Minuet   Menuet

Jean-Philippe Rameau
1683 - 1764

legato (2.x non legato)

29

f (2. x *p*)

Fine

mf

D. C. al Fine

Weitere barocke Stücke in: Fritz Emonts, Leichte Klaviermusik des Barock, Schott ED 5096
More baroque music in: Fritz Emonts, Easy Baroque Piano Music, Schott ED 5096
Autres pièces baroques dans: Fritz Emonts, Musique facile pour piano de l'époque baroque, Schott ED 5096

Allemande

Joseph Haydn*)
1732 - 1809

30

*) Nach neuesten Erkenntnissen stammt dieses Stück nicht von Haydn, sondern von dem spanischen Komponisten Vicente Martín ý Soler (1754–1806).

According to the latest research findings, this piece was not written by Haydn but by the Spanish composer Vicente Martín ý Soler (1754–1806).

D'après les découvertes les plus récentes, cette pièce n'était pas composée par Haydn, mais par le compositeur espagnol Vicente Martín ý Soler (1754–1806).

Schwedisches Lied — Song from Sweden — Chanson de Suède

Arr.: F. E.

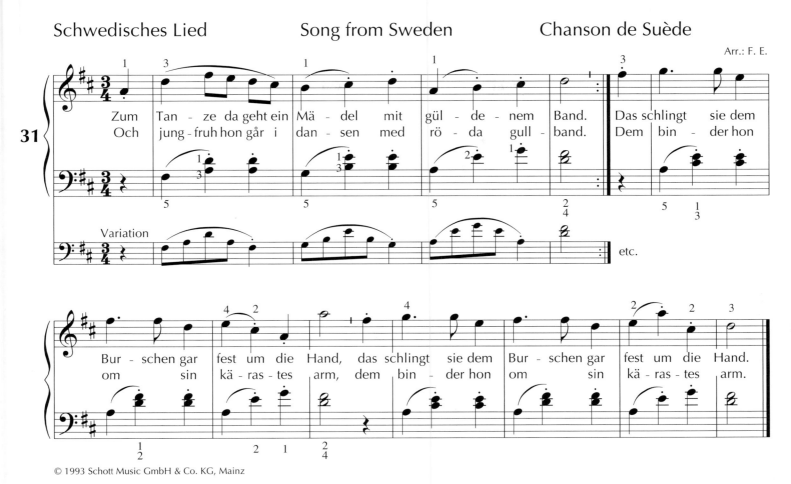

Zum Tan – ze da geht ein Mä – del mit gül – de – nem Band. Das schlingt sie dem
Och jung – fruh hon går i dan – sen med rö – da gull – band. Dem bin – der hon

Variation

Bur – schen gar fest um die Hand, das schlingt sie dem Bur – schen gar fest um die Hand.
om sin kä – ras – tes arm, dem bin – der hon om sin kä – ras – tes arm.

Los pastores

España
Arr.: F. E.

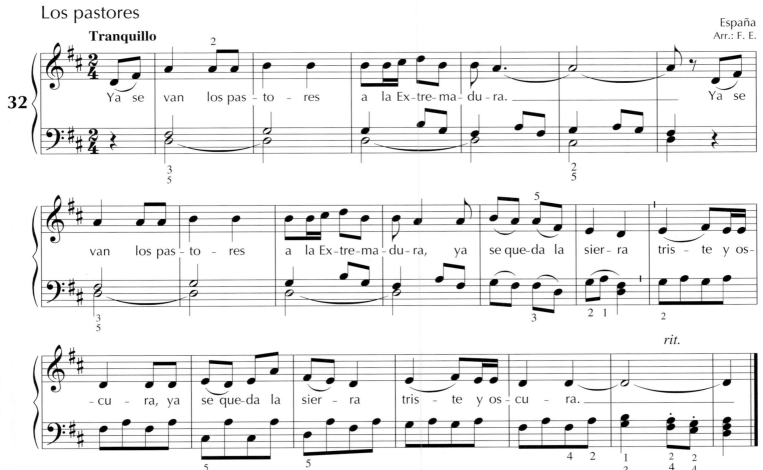

Tranquillo

Ya se van los pas – to – res a la Ex – tre – ma – du – ra. Ya se
van los pas – to – res a la Ex – tre – ma – du – ra, ya se que – da la sier – ra tris – te y os –
– cu – ra, ya se que – da la sier – ra tris – te y os – cu – ra.

rit.

Heidenröslein   Little Moorland Rose   Petite rose de bruyère

Franz Schubert
1797 – 1828
Arr. F. E.

Heidenröslein   Little Moorland Rose   Petite rose de bruyère

Franz Schubert
1797 - 1828

Primo

dolce

33

p Sah ein Knab' ein | Rös - lein steh'n, | Rös-lein auf der | Hei - den, | war so jung und | mor - gen-schön,

lief er schnell, es | nah' zu seh'n | sah's mit viel - len | Freu - den. | Rös - lein, Rös-lein,

cresc.   *poco rit.*   *p*

a tempo

Rös - lein rot, | Rös-lein auf der | Hei - den.

2. Knabe sprach: ich breche Dich, Röslein auf der Heiden!
   Röslein sprach: ich steche Dich, dass du ewig denkst an mich.
   Und ich will's nicht leiden.
   Röslein, Röslein, Röslein rot, Röslein auf der Heiden.

3. Und der wilde Knabe brach 's Röslein auf der Heiden;
   Röslein wehrte sich und stach, half ihm doch kein Weh und Ach,
   musst' es eben leiden.
   Röslein, Röslein, Röslein rot, Röslein auf der Heiden.

h-Moll · B minor · Si mineur

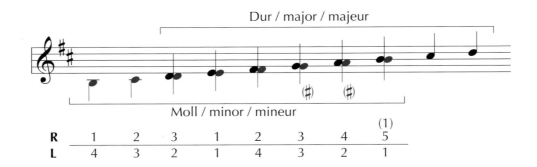

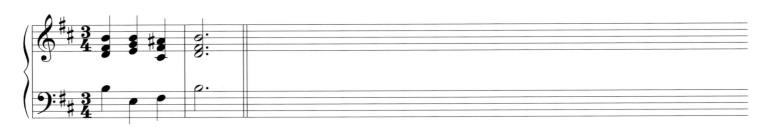

Traurige Erinnerung   Sad Memory   Un triste souvenir

F. E.

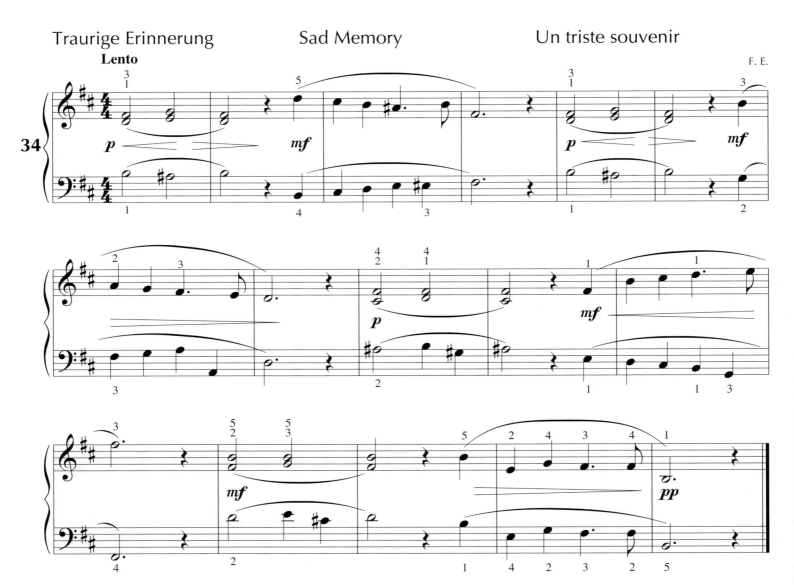

B-Dur · B flat major · Se bémol majeur

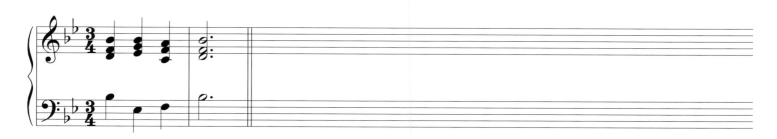

Vorzeichen:
Accidentals: **2♭**
Altération:

Der Schmetterling	The Butterfly	Le Papillon

F. E.

g-Moll · G minor · Sol mineur

Petruschka

Russland / Russia / Russie
Arr.: F. E.

36

Zigeunertanz   Gipsy Dance   Danse tzigane

F. E.

Langsam beginnen / begin slowly / commencer lentement

poco a poco accelerando e crescendo

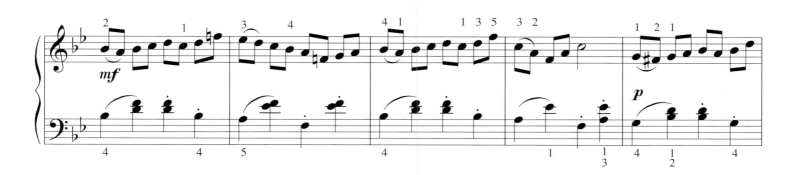

D.C. al ⊕ - ⊕

Zigeuner-Tonleiter:
Gipsy scale:
Gamme tzigane:

Literaturempfehlung

J.S. Bach, Menuett g-Moll
In: Fritz Emonts, Leichte Klaviermusik
des Barock, Schott ED 5096

Recommended Piece

J.S. Bach, Minuet in G minor
In: Fritz Emonts, Easy Baroque
Piano Music, Schott ED 5096

Repertoire conseillé

J.S. Bach, Menuet en sol mineur
Dans: Fritz Emonts, Musique facile
pour piano de l'époque baroque,
Schott ED 5096

A-Dur · A major · La majeur

Vorzeichen:
Accidentals:
Altération: 3♯

Prélude

Marc-Antoine Charpentier
1624 - 1704
Arr.: Rainer Mohrs

38

© 1993 Schott Music GmbH & Co. KG, Mainz

Little Boogie

F. E.

39

sempre staccato

© 1993 Schott Music GmbH & Co. KG, Mainz

fis-Moll · F# minor · Fa# mineur

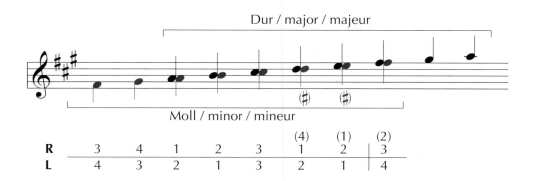

Pat - a - pan

Francia / França
Arr.: F. E.

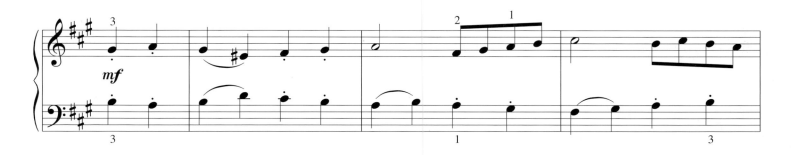

Armes Waisenkind   Poor Little Orphan   Pauvre petite Orpheline

Estland / Estonie
Arr.: F. E.

Secondo

D. C. al Fine

Armes Waisenkind   Poor Little Orphan   Pauvre petite Orpheline

Primo

Estland / Estonie
Arr.: F. E.

Es-Dur · E flat major · Mi bémol majeur

Vorzeichen:
Accidentals:
Altération: **3♭**

Scherzo

Christian Gottlob Neefe
1748 - 1798

42

Fine

D.C. al Fine

Ecossaise

Ludwig van Beethoven
1770 - 1827

Je descendis dans mon jardin

France

Je des - cen - dis dans mon jar - din, je des - cen - dis dans mon jar -

- din pour y cueil - lir du ro - ma - rin. Gen - til coq' - li -

- cot mes da - mes gen - til coq' - li - cot nou - veau.

c-Moll · C minor · Do mineur

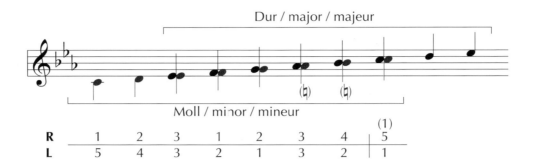

Blues

*) ossia:

Geläufigkeit und Gleichmäßigkeit I

Velocity and Even Playing I • Vélocité et égalité I

2 Übungen · 2 Exercises · 2 Exercices

Transponiere die Übung in
andere Tonarten (Dur und Moll).

Transpose the exercise into
other keys (major and minor).

Transpose l'exercice dans
d'autres tonalités (majeur et mineur).

*) kleine Hände / small hands:

Im folgenden Stück imitiert der Komponist das Instrument „Musette", das in Frankreich im 17. und 18. Jahrhundert sehr beliebt war (eine Art „Dudelsack").

In the following piece the composer is imitating the musette (a kind of bagpipe) which was very popular in France in the seventeenth and eighteenth centuries.

Dans la pièce suivante, le compositeur imite la «musette» (une sorte de cornemuse) qui était très appréciée en France aux XVIIe et XVIIIe siècles.

Musette

Claude Daquin
1694 - 1772

Form / Forme: A - B - A - C - A

Spiele bei der Wiederholung die rechte Hand eine Oktave höher.
On the repeat, play the right hand part one octave higher.
Pour la reprise, joue la main droite une octave plus haut.

Vorspiel / Introduction (ad lib.)

Transponiere die Musette auch nach e-Moll.
Play the Musette in the E minor key, too.
Joue la Musette aussi en mi mineur.

Kleine Ballade   Little Ballad   Petite ballade

F. E.

Arabesque

Frédéric Burgmüller
1806 - 1874

Aus / from / de: F. Burgmüller, 25 Etüden op. 100, Wiener Urtext Edition, UT 50130

Rondeau
(London 1764)

Wolfgang Amadeus Mozart
1756 - 1791

51

Fine

D. C. al Fine

Artikulation / Articulation:

oder
or
ou

*) original:

Pedal

Pedal · Pédale

Wenn du auf das rechte Pedal trittst, entfernen sich die Dämpfer von allen Saiten, so dass diese frei schwingen können. (Schau einmal in das Klavier und beobachte, wie das aussieht.) Die angeschlagenen Töne klingen dann weiter, auch wenn du die Tasten wieder loslässt. Außerdem werden die gespielten Töne durch mitschwingende Saiten verstärkt, sie erhalten mehr Tonfülle und Farbigkeit. Wir erreichen also durch das rechte Pedal:

1.) dass Klänge sich miteinander mischen („Klang-Pedal"). Das kann sehr reizvoll sein, wo es die Komposition erfordert, aber auch störend, wenn dieses Ineinanderklingen nicht beabsichtigt ist. Manche Spieler versuchen jedoch, durch das rechte Pedal Schwächen des manuellen Spiels zu verdecken; das ist „gepfuscht"!
2.) dass Töne und Klänge sich miteinander verbinden lassen, besonders wenn dies mit den Fingern nicht möglich ist (nachgetretenes „Bindungs-Pedal" beim Harmoniewechsel).
3.) dass Basstöne betont werden und während der nachschlagenden Akkorde weiterklingen können („Schwerpunkt-Pedal" bzw. „rhythmisches Pedal"). Diese Wechselbass-Begleitungen spielen eine wichtige Rolle bei allen Tanzformen (Walzer, Ländler, Marsch, Ragtime).

Die folgenden Stücke zeigen verschiedene Möglichkeiten der Anwendung des rechten Pedals. Das linke Pedal macht das Spiel leiser, weicher, verhaltener im Klang. Beobachte in deinem Instrument, wie das funktioniert.

When you depress the right pedal the dampers are lifted from the strings so that they may vibrate freely. (Have a look inside the piano. Watch and see what happens.) The notes struck will be sustained even if you release the key again. In addition, the notes will be enriched in tonal quality by the strings which vibrate in sympathy.
The right pedal may be used to achieve the following:

1.) to mix sounds (special-effect pedal, sustaining pedalling). This can be very pleasing, when the composition requires it, but may also be dangerous when this overlapping of sound is unintentional. Many players try, however, to cover weaknesses in their technique by using the right pedal. This is cheating!
2.) to connect notes and sounds, especilly when it is not possible to do so with the fingers (repeated legato pedalling at changes of harmony; syncopated pedalling).
3) to accentuate bass notes and to sustain them through the subsequent chords (direct pedalling or rhythmic pedalling). Such changing-bass accompaniments play an important role in all dance forms (Waltzes, Ländler, March, Ragtime).

The following pieces show different ways of using the right pedal. The left pedal makes your playing lighter, softer, restrained in sound. Look inside your instrument to see how it works.

Quand tu appuies sur la pédale de droite, les étouffoirs s'éloigent de toutes les cordes, afin que celles-ci puissent vibrer librement (regarde dans le piano et observe comment cela se passe). Les notes qui entrent en Vibration continuent de se faire entendre, même si tu relâches les touches. D'autre part, les sons joués gagnent en richesse sonore et en couleur grâce aux cordes qui vibrent en même temps.
Grâce à la pédale de droite, nous obtenons les résultats suivant:

1.) les timbres se mêlent les uns aux autres («pédale de sonorité»). Cela peut avoir beaucoup d'attrait là où l'oeuvre l'exige, mais peut être également dangereux lorsque cette imbrication sonore n'est pas voulue. De nombreux pianistes essaient cependant de couvrir les faiblesses du jeu digital en utilisant la pédale de droite; c'est «de'loyal»!
2.) les sons et les timbres peuvent être reliés les uns aux autres, en particulier quand ceci n'est pas possible avec les doigts («pedale de liaison» appuyée après coup lors du changement d'harmonie).
3.) Les notes de basse sont soulignées et peuvent continuer à sonner en même temps que les accords frappés ensuite («pédale directe» ou «pédale rythmique»). Ces accompagnements périodiques de basse jouent un rôle important dans toutes les formes de danses (valse, ländler, marche, ragtime).

Les pièces suivantes présentent differentes possibilités d'utilisation de la pédale de droite. La pédale de gauche rend le jeu plus piano, plus doux, plus retenu sur le plan sonore. Observe dans ton instrument comment cela fonctionne.

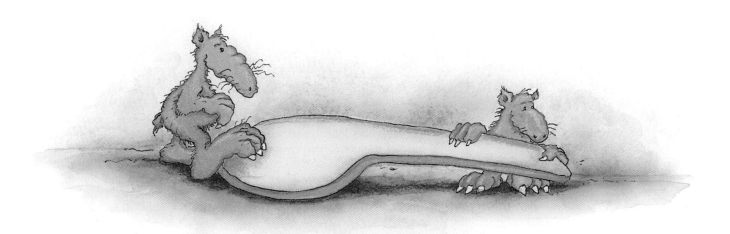

Klang-Pedal · Sustaining Pedalling · Pédale de sonorité

Klagelied Lament Lamentation

István Szelènyi
1904 - 1972

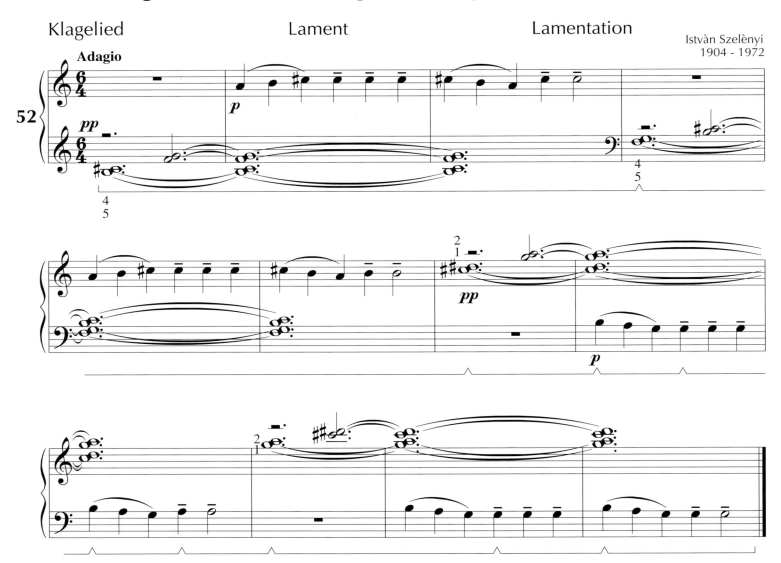

Aus / from / de: István Szelènyi, Musikalisches Bilderbuch für Klavier / Musical Picture Book for Piano, Schott ED 5770

Erfinde ein eigenes Klangstück mit Pedal. Denke dir einen Titel oder eine Geschichte dazu aus.

Make your own „sound piece" using the right pedal. Think of an appropriate title or story.

Invente ta propre pièce de sonorité en utilisant la pédale. Imagine pour cela un titre ou une histoire.

60

Japanisches Wiegenlied aus Takeda

Japanese Lullaby from Takeda

Berceuse japonaise de Takeda

Arr.: F. E.

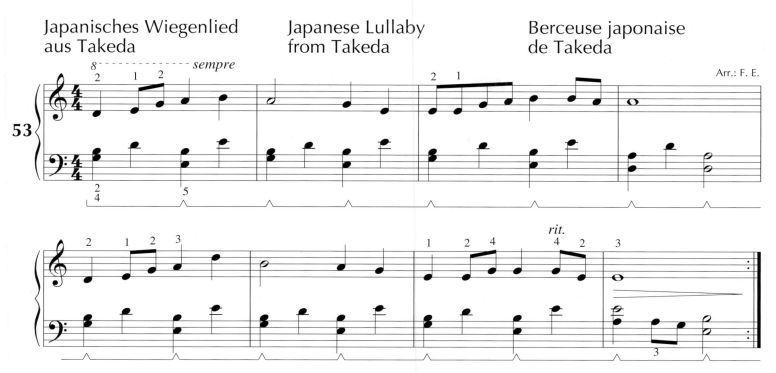

© 1993 Schott Music GmbH & Co. KG, Mainz

Dieses Lied wird einen halben Ton tiefer gespielt, nur auf schwarzen Tasten.
Wiederholung: r. H. 2 Oktaven höher, auch mit linkem Pedal.

Play this piece a semitone lower, on the black keys only.
Repeat: right hand 2 octaves higher, using the left pedal as well.

Joue cette pièce un demi-ton plus bas, uniquement sur les touches noires.
Reprise: la main droite 2 octaves plus haut, aussi avec la pédale de gauche.

Japanisches Wiegenlied aus Itsuki

Japanese Lullaby from Itsuki

Berceuse japonaise d' Itsuki

Arr.: F. E.

© 1993 Schott Music GmbH & Co. KG, Mainz

Dieses Lied wird so gespielt wie notiert.
Wiederholung: beide Hände 1 Oktave höher.

This song is played as notated.
Repeat: both hands 1 octave higher.

Cette chanson est jouée telle qu'elle est notée.
Reprise: les deux mains une octave plus

Lento armonioso

p da lontano, senza alcuna espressione

pp col pedale

pp col pedale

pochiss.

l. h. / m. g.

pp

ppp

ppp morendo

pppp

pppp

Aus / from / de: Istvàn Szelényi, Musikalisches Bilderbuch für Klavier / Musical Picture Book for Piano, Schott ED 5770

Bindungs-Pedal • Legato Pedalling • Pédale de liaison

Übung   Exercise   Exercice

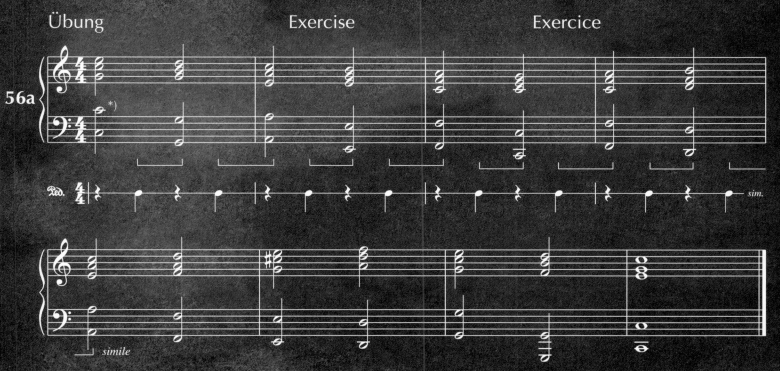

*) Der obere Ton kann bei kleinen Händen weggelassen werden.
   If your hands are too small leave out the octave.
   L'octave peut être abandonnée si les mains sont trop petites.

Variante

Choral

Robert Schumann
1810 - 1856

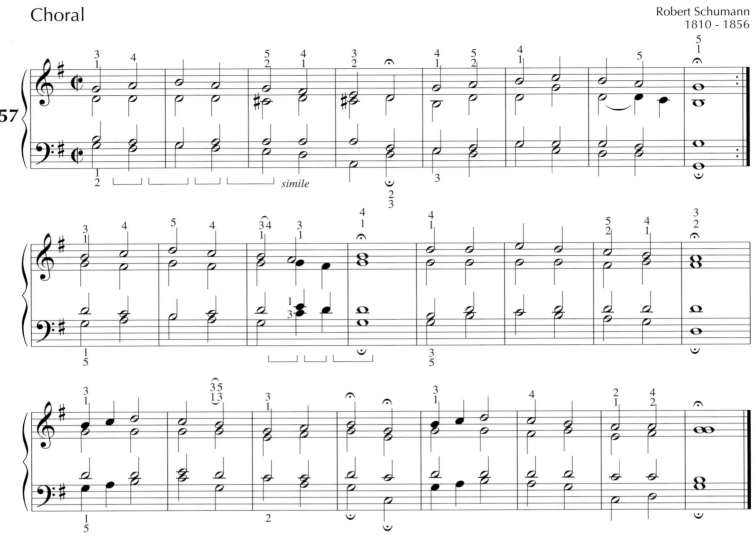

57

Übe dieses Stück in drei Schritten:	Practise this piece in three steps:	Etudie cette pièce en trois étapes:
1. Portato (Legato durch Pedal)	1. Portato (use pedal to join the notes)	1. Portato (liaison par la pédale)
2. Legato, ohne Pedal	2. Legato, without pedal	2. Legato sans pédale
3. Legato, mit Pedal	3. Legato, with pedal	3. Legato avec pédale
Literaturempfehlung für das erste Pedal-Spiel:	Pieces recommended for the first use of pedal:	Répertoire conseillé pour les premiers pas avec la pédale:
R. Schumann, Album für die Jugend, Schott ED 9010	R. Schumann, Album for the Young, Schott ED 9010	R. Schumann, Album pour la Jeunesse, Schott ED 9010
B. Bartók, For Children, Editio Musica / Boosey & Hawkes	B. Bartók, For Children, Editio Musica / Boosey & Hawkes	B. Bartók, For Children, Editio Musica / Boosey & Hawkes

Nationalhymne Englands ## English National Anthem ## Hymne national anglais

Mel.: anonym

58

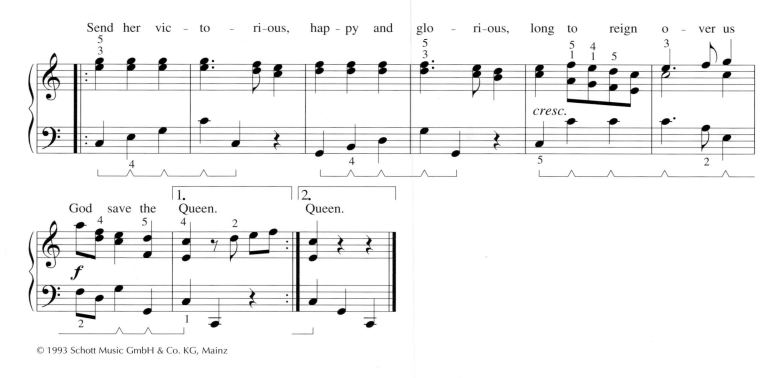

Nationalhymne der Niederlande

Dutch National Anthem

Hymne national néerlandais

Adriaan Valerius
1575 - 1625
Arr.: F. E.

59

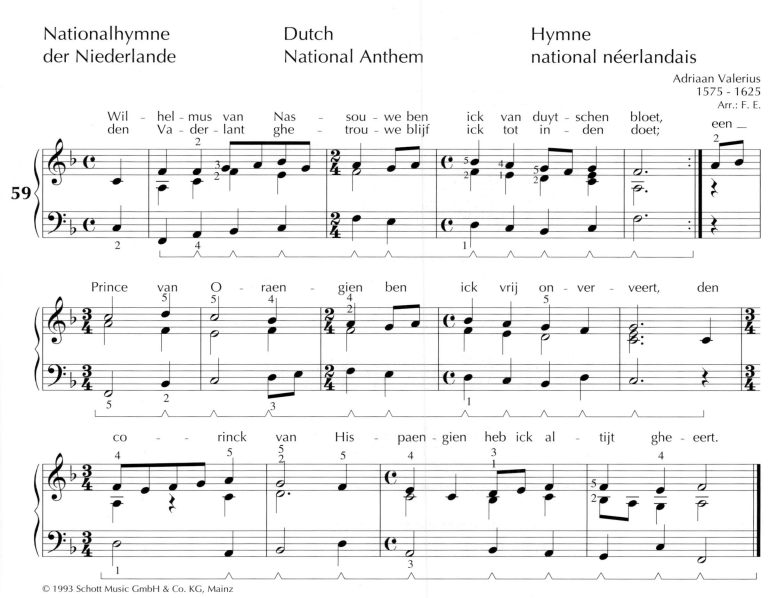

Wil - hel - mus van Nas - sou - we ben ick van duyt - schen bloet,
den Va - der - lant ghe - trou - we blijf ick tot in - den doet; een

Prince van O - raen - gien ben ick vrij on - ver - veert, den

co - rinck van His - paen - gien heb ick al - tijt ghe - eert.

Schwerpunkt-Pedal • Rhythmic Pedalling • Pédale rythmique

Übungen   Exercises   Exercices

Erfinde eigene Melodien zu dieser Akkordfolge:
Make up your own melodies to the given chord progressions:
Invente tes propres mélodies pour les suites d'accords données:

Deutscher Tanz   German Dance   Danse allemande

Franz Schubert
1797 - 1828

Kleine Treff-Studie A Little Leaping Study Petite étude de saut

F. E.

Polnischer Tanz Polish Dance Danse polonaise

Mazurek

Arr.: F. E.

Solfeggio

Johann Christoph Friedrich Bach
1732 - 1795

Aus / from / de: J. Chr. Bach, Musikalische Nebenstunden am Klavier, Schott ED 3768

J. Chr. Fr. Bach, der zweitjüngste Bach-Sohn, wirkte als Kapellmeister am Hofe des Grafen von Bückeburg. „Solfeggio" nannten im 18. Jahrhundert Sänger ihre virtuosen Stimmübungen.

J. Chr. Fr. Bach, the second-youngest son of Bach, worked as director of music at the Court of Count Wilhelm of Schaumburg-Lippe in Bückeburg. „Solfeggio" was the eighteenth-century term for singers' virtuosic vocal exercises.

J. Chr. Fr. Bach, le second plus jeune fils de Bach, exerça comme maître de chapelle à la cour du comte de Bückeburg. Au XVIIIe siècle, les chanteurs appelaient leurs exercices vocaux virtuoses «solfeggio».

Cantabile

Grundsätzlich soll der Klavierspieler alles Melodische singend, d. h. „cantabile" spielen und empfinden. Das Klavier ist seiner Natur gemäß kein ausgesprochenes Melodie-Instrument, die angeschlagenen Töne verbinden sich nicht so dicht miteinander wie bei einem Blas- und Streichinstrument oder beim Singen. Um eine melodische Linie ausdrucksvoll zu spielen, muss zunächst einmal ein Ausdruckswille und eine innere Klangvorstellung vorhanden sein. Bei der Umsetzung dieser inneren Klangvorstellung helfen dann folgende Mittel:
1. eine differenzierte Anschlagsweise der Finger,
2. ein flexibler Einsatz des Gewichts von Arm und Händen,
3. eine sensible, vom Gehör kontrollierte Pedalisierung.
Die hier ausgewählten Stücke und Übungen sollen zunächst in das kantable Spiel einführen und die erforderliche Sensibilität für die Tongestaltung wecken. In Band 3 wird das Thema aufgegriffen und vertieft.

In principle, the pianist should always play and feel melodic passages in a singing style, i. e. 'cantabile'. The piano is not really a melodic instrument - when played the notes do not connect so closely as with wind and string instruments or with singing. In order to play a melodic line with expression one must first have the will to express oneself and an inner imagination of the sound. The following means help to achieve the realization of this inner imagination of sound:
1. subtly differenciated finger articulation,
2. flexible use of the weight of arms and hands,
3. sensitive pedalling, controlled by ear. This collection of pieces and exercises is intended to establish cantabile playing and to arouse the necessary sensitivity for the development of a good tone. In Volume 3 this theme will be continued and further explored.

Le pianiste doit jouer et ressentir fondamentalement tout élément mélodique de manière chantante, c'est-à-dire «cantabile». Conformément à sa nature, le piano n'est un instrument mélodique caractérisé, les sons frappés ne s'associent pas aussi profondement entre eux que dans le cas d'un instrument à vent, à cordes ou pour la chant. Pour jouer de manière expressive une ligne mélodique, la volonté expressive et une conception sonore intime doivent être d'abord présentes. Dans la transposition de cette conception sonore intime, les moyens suivants apportent une aide:
1. un type d'attaque différencié des doigts,
2. une mise plus flexible du poids du bras et des mains,
3. un jeu de pédale sensible, contrôlé par l'oreille.
Les pièces et exercices choisis ici doivent conduire d'abord à un jeu cantabile et éveiller la sensibilité exigée pour la création sonore. Le thème est repris et approfondi dans le volume III.

Trällerliedchen   Humming Song   Chanson fredonnée

Robert Schumann
1810 - 1856

Aus / from / de: R. Schumann, Album für die Jugend / Album for the Young / Album pour la Jeunesse, Schott ED 9010

Pedal / Pedalling / Pédale:

sim.

Literaturempfehlung: Schubert, Ländler für 4 Hände, bearbeitet von J. Brahms, Nr. 3 und 5, Schott ED 2338

Recommended pieces: Schubert, Ländler for 4 hands, arranged by J. Brahms, Nos. 3 & 5, Schott ED 2338

Répertoire conseillé: Schubert, Ländler à 4 mains, arrangés par J. Brahms, No. 3 et 5, Schott ED 2338

Vorübung für die Unabhängigkeit der Finger

Preliminary exercise for the independence of fingers

Exercice préparatoire pour l'indépendance des doigts

Soldatenmarsch

Soldiers' March

Marche de soldats

Robert Schumann
1810 - 1856

66

Munter und straff

Aus / from / de: R. Schumann, Album für die Jugend / Album for the Young / Album pour la Jeunesse, Schott ED 9010

Melodie
in der linken Hand:

Njanja ist krank

Melody
in the left hand:

Njanja is ill

Mélodie
à la main gauche:

Njanja est tombée malade

Alexander Gretchaninoff
1864 - 1956

Aus / from / de: A. Gretchaninoff, Das Kinderbuch / Childrens' Book / Livre d'enfants, Schott ED 1100

Melodie
in der rechten Hand:

Wiegenlied

Melody
in the right hand:

Lullaby

Mélodie
à la main droite:

Berceuse

Alexander Gretchaninoff

senza Ped.

rall.

Aus / from / de: A. Gretchaninoff, Das Kinderbuch / Childrens' Book / Livre d'enfants, Schott ED 1100

Sarabande

Georg Friedrich Händel
1685 - 1759

Variation

Aus / from / de: G. F. Händel, Klavierwerke I / Keyboard Works I, Wiener Urtext Edition UT 50118a

Geläufigkeit und Gleichmäßigkeit II

Velocity and Even Playing II • Vélocité et égalité II

Ablösen und Übergreifen der Hände

Release and Crossing of the Hands

Détachement et chevauchement des mains

Carl Czerny
1791 - 1857

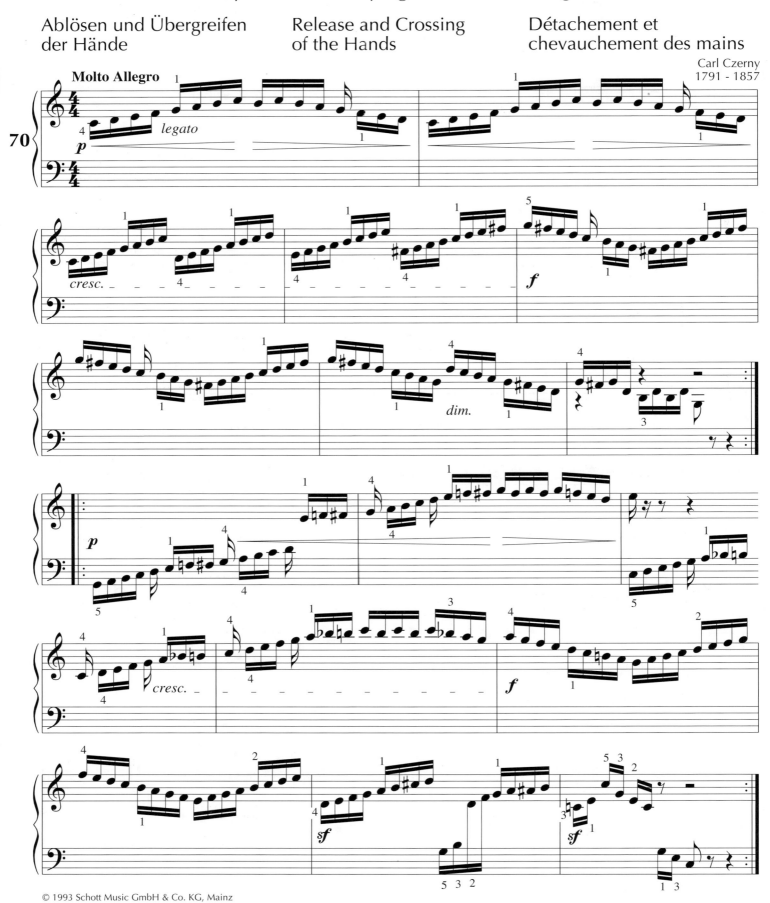

Thema mit Variationen Theme with Variations Thème et variations

Friedrich Kuhlau
1786 - 1832

Prélude

Henri Bertini
1798 - 1876

72

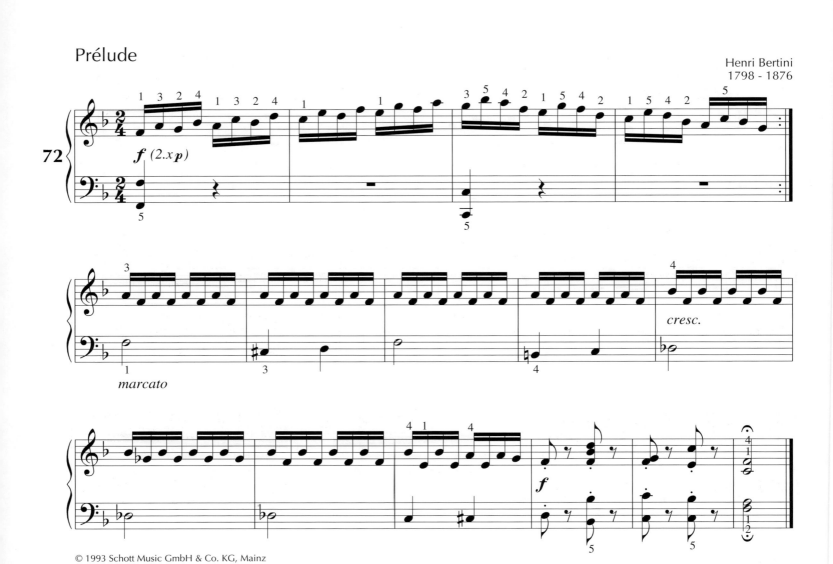

Musette

Johann Sebastian Bach
1685 - 1750

73

Aus: Notenbüchlein für Anna
Magdalena Bach, Schott ED 2698

From: The Notebook for Anna
Magdalena Bach, Schott ED 2698

De: Petit livre d' Anna
Magdalena Bach, Schott ED 2698

Waterloo Hornpipe

Schottland / Scotland / Écosse
Arr.: Fritz Emonts

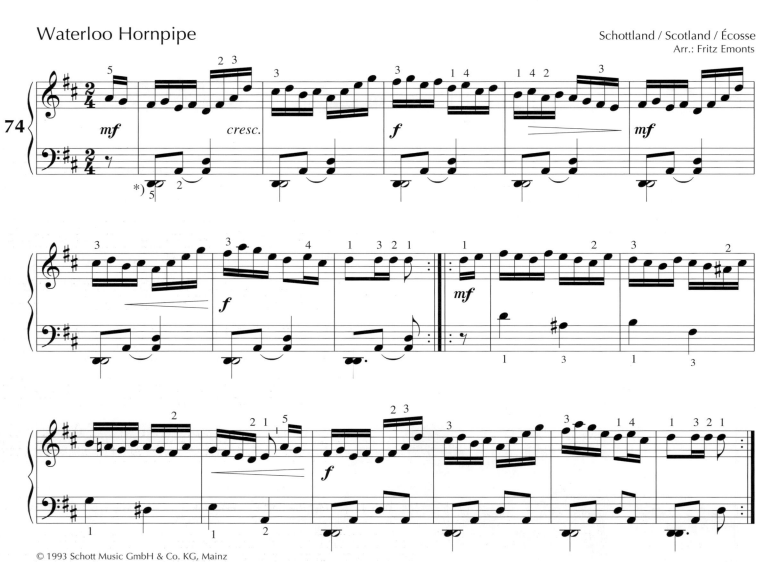

*) leichter / easier / plus facile   Wiederhole Nr. 29 (Menuett) / Repeat No. 29 (Minuet) / Répète No. 29 (Menuet)

Der Purzelbaumkönig　　　The Somersault King　　　Le roi de la culbute

Mike Schoenmehl
*1957

D. C. al ✛-✛

Aus / from / de: Mike Schoenmehl, Little Stories in Jazz, Schott ED 7186

Dieses Schottische Abschiedslied
wird in der ganzen Welt gesungen.

This Scottish parting song is
sung throughout the whole world.

Cette chanson d'adieu écossaise
est chantée dans le monde entier.

Should Auld Acquaintance

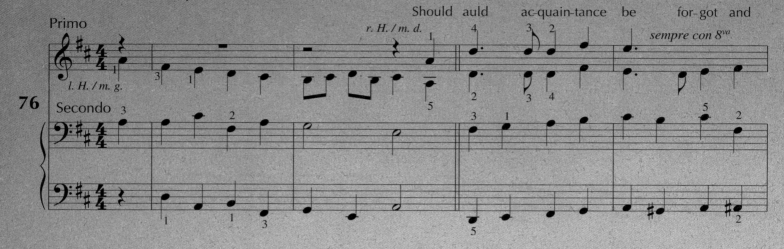

76

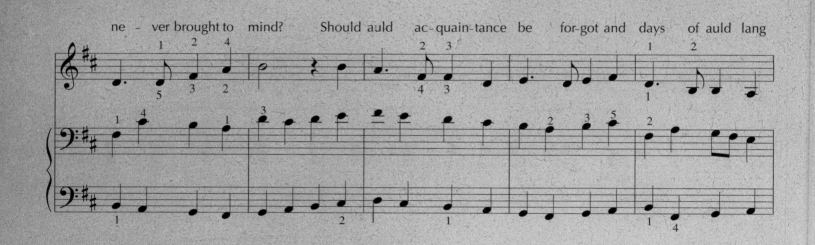

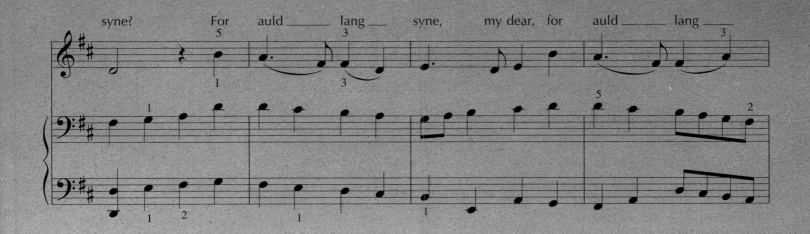

syne? For auld ____ lang ____ syne, my dear, for auld ____ lang ____

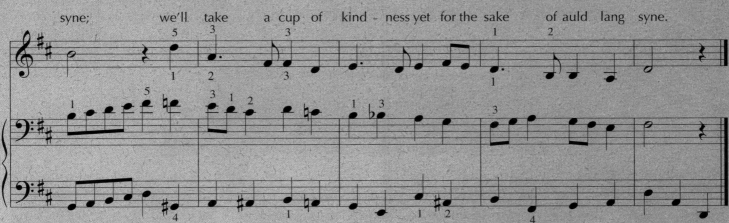

syne; we'll take a cup of kind - ness yet for the sake of auld lang syne.

deutsch:
Nehmt Abschied, Brüder, ungewiss ist alle Wiederkehr.
Die Zukunft liegt in Finsternis und macht das Herz uns schwer.
Der Himmel wölbt sich über's Land, ade, auf Wiedersehen.
Wir ruhen all in Gottes Hand, lebt wohl, auf Wiedersehen!

français:
Faut-il nous quitter sans espoir de retour,
Faut-il nous quitter sans espoir de nous revoir un jour?
Ce n'est qu'un «Au revoir», mes frères, ce n'est qu'un «Au revoir».
Oui, nous nous reverrons, mes frères, ce n'est qu'un «Au revoir».

Begleiten von Liedern und Tänzen
Accompanying Songs and Dances
Accompagnements de chansons et de danses

Im 1. Band der Klavierschule wurden Anregungen gegeben, wie man zu Liedern einfache Begleitungen findet. Die Fähigkeit, eigene Begleitungen zu erfinden, soll auch im 2. Band kontinuierlich weiterentwickelt werden. Die leichteste, zugleich aber auch älteste Begleitform ist der „Bordun", bestehend aus Grundton und Quint. In der Dudelsack-Musik hat sich der Bordun bis heute erhalten.

In Volume 1 of the piano method, suggestions were given for making up simple accompaniments to songs. The ability to improvise accompaniments should regularly be further developed whilst working through Volume 2. The simplest form of accompaniment, and also the oldest, is the drone, consisting of the tonic and fifth. The drone is preserved to this day in bagpipe music.

Le premier volume de la Méthode pour piano suggérait comment trouver des accompagnements faciles aux chansons. La possibilité d'inventer ses propres accompagnements est aussi régulièrement développée dans le Volume II. La forme d'accompagnement la plus simple et en même temps la plus ancienne est celle du «bourdon», qui consis en un son fondamental et quinte. Le bourdon s'est perpétué jusqu'à nos jours dans la musique de cornemuse.

5 Tänze mit Bordun-Begleitung
5 Dances with Drone Accompaniment
5 Danses avec accompagnement de bourdon

1. A la claire fontaine

France

Spiele dieses Lied auch in Moll.　　　Play this song in the minor key as well.　　　Joue aussi cette chanson en mineur.

2. Volkstanz / Folk-dance / Danse populaire

Slowakei / Slovakia / Slovaquie

Spiele diesen Tanz auch in Dur.   Play this dance in the major key as well.   Joue aussi cette danse en majeur.

3. Chanson

Belgien / Belgium / Belgique

4. The Gay Gordons

Schottland / Scotland / Ecosse

5. Tambourin

France
(Jean-Philippe Rameau)

Fine

© 1993 Schott Music GmbH & Co. KG, Mainz

D. C. al Fine

Verteile die Taktpaare passend
zur Melodie:

Arrange the two-bar fragments
so that they fit with the melody:

Répartis de façon appropriée les
paires de mesures à la mélodie:

86

Die Kadenz

The Cadence • La Cadence

Man kann auf allen 7 Stufen der Tonleiter Dreiklänge bilden:	Triads can be constructed on all seven degrees of the scale:	Il est possible de constituer des accords parfaits sur les 7 degrés de la gamme:

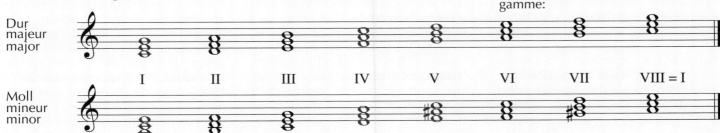

Dur
majeur
major

I   II   III   IV   V   VI   VII   VIII = I

Moll
mineur
minor

Die Dreiklänge der I., IV. und V. Stufe nennen wir Hauptdreiklänge, weil sie in der Musik eine wichtige Rolle spielen. Wenn man sie untereinander verbindet, entsteht die Kadenz. Sie kann in drei Lagen gespielt werden:	The triads on the first, fourth and fifth degrees are called primary triads as they play an important role in music. When they are arranged in a sequence they produce a cadence. This can be played in three positions:	Les accords parfaits des Ier, IVe et Ve degrés sont appelés accords parfaits principaux parce qu'ils jouent un rôle important dans la musique. La cadence intervient lorsqu'on les combine. Elle peut être jouée dans trois positions:

C-Dur
C major
Do majeur

I   IV   V   I

a-Moll
A minor
La mineur

I   IV   V   I

Varianten	Variants	Variantes
(gebrochene Dreiklänge)	(broken triads)	(accords parfaits brisés)

Denke dir weitere Spielformen zur Kadenz aus. Übertrage sie nach und nach in alle Tonarten, die im Kapitel „Wir lernen verschiedene Tonarten kennen (3#-3♭)" vorgestellt werden. Dort findest du leere Notensysteme zum Aufschreiben deiner Ideen.	Discover other ways of playing the cadence. Transpose it systematically into all the keys that are introduced in the Chapter 'Travelling Through Various Keys (3#-3♭)'. There you will find blank staves to write down your ideas.	Trouve d'autres formes d'exécution pour la cadence. Transpose-les progressivement dans toutes les tonalités qui sont présentées dans le chapitre «Nous apprenons différentes tonalités (3# - 3♭)». Tu trouveras là des portées vides te permettant de noter tes idées.

Liedbegleitung mit 2 Akkorden
Song Accompaniment with 2 Chords
Accompagnement de chansons sur 2 accords

Wir wollen versuchen, eigene Liedbegleitungen zu erfinden, zunächst mit zwei, dann mit drei Akkorden. Anfangs ist es besser, die Dreiklänge zusammen anzuschlagen; man hört dann leichter, wann der Harmonie-Wechsel erfolgt. Später denken wir uns unterschiedliche Begleitfiguren aus, die dem Rhythmus und Charakter des Liedes angepasst sind.

Let's try to make up our own song accompaniments first with two, then with three chords. As a start it is better to sound the notes of the triad simultaneously; it is then easier to hear the changes of harmony. Later we will invent some different accompaniment figures which suit the rhythm and character of the songs.

Nous essayons d'imaginer nos propres accompagnements de chansons, tout d'abord avec deux accords, puis avec trois. Il est préférable, au début, de frapper la totalité de l'accord parfait: on entend mieux de cette manière le changement d'harmonie. Par la suite, nous imaginons différentes figures d'accompagnement adaptées au rythme et au caractère de la chanson.

I   V   (V⁷)   I

O, du lieber Augustin

Deutschland

82

Vierhändig / for four hands / pour quatre mains:
Secondo (Primo = unisono)

Gronings liedje

Niederlande / Netherlands / Pays-Bas

83

© 1993 Schott Music GmbH & Co. KG, Mainz

Sur le pont d' Avignon

France

84

© 1993 Schott Music GmbH & Co. KG, Mainz

Limpiate con mi pañuelo

España

85

Fine

Da capo

© 1993 Schott Music GmbH & Co. KG, Mainz

Liedbegleitung mit 3 Akkorden
Song Accompaniment with 3 Chords
Accompagnement de chansons sur 3 accords

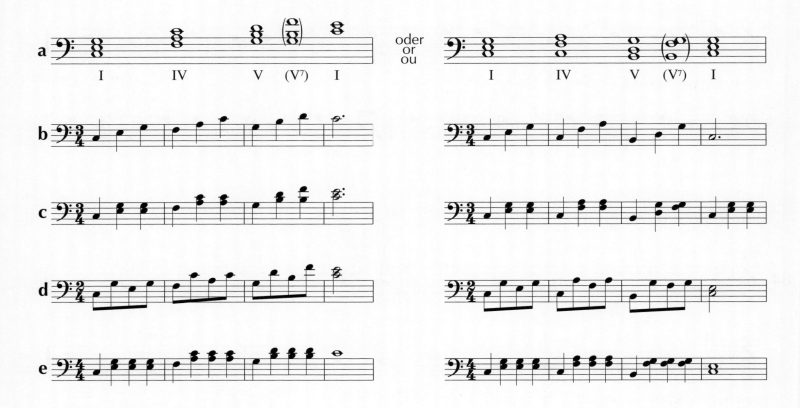

Suche eine passende Begleitung. Spiele alle Lieder auch in anderen Tonarten.

Make up an appropriate accompaniment. Play all the songs in other keys as well.

Trouve un accompagnement approprié. Joue aussi toutes les chansons dans d'autres tonalités.

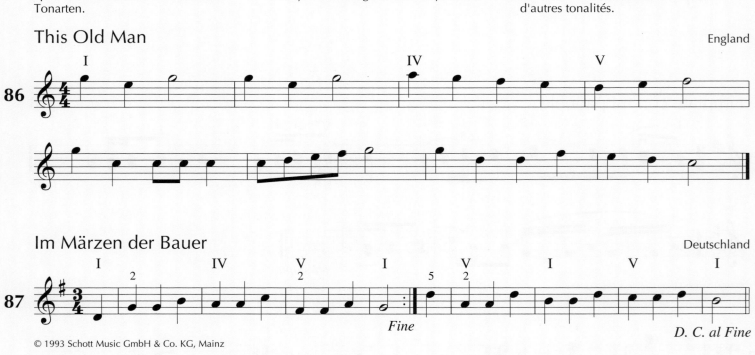

This Old Man — England

Im Märzen der Bauer — Deutschland

J'ai du bon tabac

France

88

Fine

D. C. al Fine

Good Night, Ladies

89

Fine

D. C. al Fine

Ländler

90

a

b

Primo

Secondo

c

Drunten im Unterland

Deutschland

91

Primo
(1 Oktave höher / 1 octave higher / 1 octave plus haut)

Secondo

Weitere Lieder

Himmel und Erde müssen vergehn
Morgen kommt der Weihnachtsmann
Fuchs, du hast die Gans gestohlen
Die Gedanken sind frei

More Songs

Swanee river
Oh, when the Saints
Twinkle, twinkle, little star
For he's a jolly good fellow

Autres chansons

Chevaliers de la table ronde
Ah! Vous dirai-je, Maman
Il était une bergère
Alleluia (Taizé)

Tänze mit Kadenzharmonik
Dances with Cadential Harmony
Danses avec harmonie cadencielle

Die folgenden Tänze beruhen auf den Dreiklängen der Kadenz. Sie sollen das harmonische Verständnis festigen und zum eigenen Improvisieren anregen.

The following dances are based on the triads of the cadence. They should consolidate harmonic understanding and encourage you to improvise.

Les danses suivantes reposent sur les accords parfaits de la cadence. Elles doivent renforcer la compréhension harmonique et inciter à la libre improvisation.

Ergänze die Melodie:

Complete the melody:

Complète la mélodie:

Walzer   Waltz   Valse   F. E. + _____

Fine

D. C. al Fine

Marsch   March   Marche   F. E. + _____

staccato

Tango

F. E. + _____

leichter / easier / plus facile:

Boogie - Woogie

Grundschema / Basic pattern / Schéma de base

sempre staccato

Improvisiere Variationen: Improvise variations: Improvise des variations:

Boogie Variation

F. E.

sempre stacc.

Final Blues

F. E.

Slow

sempre portato